沈志萍◎主编

U0710844

中华名医

故事绘

张仲景　孙思邈　钱乙　陶弘景　淳于　景　皇甫谧　扁

复旦大學 出版社

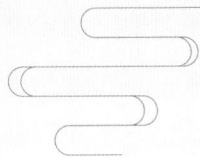

中华名医故事绘

主　　编　沈志萍

副 主 编　邱怡敏　李程蕾

编　　委　张金华　王婷婷　廖　丹　林　娟　陆　宇

　　　　　徐　辉　陈建强　尤诚刚　许加明　桂红芝

　　　　　李　琴　沈晓洁　马旖雯

插　　画　杨志斌

主　　审　施永兴　徐东浩

致　谢

上海市嘉定区卫生健康委员会

上海市嘉定区安亭镇总工会

上海市嘉定区安亭镇社区卫生服务中心

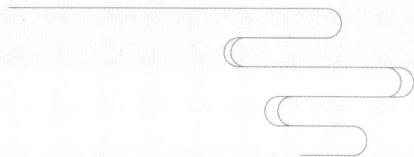

序

在上海市卫生健康委员会、上海市中医药管理局及安亭镇政府的大力支持下，中医药文化健康小镇建设项目落户安亭已近三年，在这期间，各方积极努力，为安亭居民提供了各色中医药服务项目并开展了丰富多彩的中医药文化宣传活动。

安亭镇社区卫生服务中心作为建设单位之一，做了很多开创性建设工作，如率先引进专家下沉基层建立海派中医特色专科，"小小中医师"中医文化体验课堂进学校、进社区，"共享推拿"朱氏一指禅亲子推拿科普体验，等等。在项目建设过程中，得到许多学生和居民朋友们的喜爱和欢迎，也希望借此机会让更多人深入了解中医，学习中医，运用中医，使更多人爱上中医。

中华文化源远流长，在历史长河中，中医药无疑是中华民族的瑰宝，亦是中华民族繁衍与生生不息的基石，中医不仅是一种医术，更具有深厚的文化底蕴。古往今来曾有这样一群医者，他们用仁心仁术守护一方百姓，他们勤学钻研、踏实求知、达济天下的品德值得后辈学习和传承。

早在2015年，习近平总书记在致中国中医科学院成立60周年贺信中就明确指出："中医药学是中国古代科学的瑰宝，也是打开中华文明宝库的钥匙。"他强调，要切实把中医药这一祖先留给我们的宝贵财富继承好、发展好、利用好。如今，中医药发展已经上升为国家战略，中医药事业进入了新的历史发展时期。编者将耳熟能详的中医名医故事以漫画的形式编纂成册，作为青少年的中医药科普读物，通俗易懂，妙趣横生，对传承弘扬中医药文化具有积极意义。"少年强则中国强"，青少年正是我们祖国的未来，学习及掌握中医药知识，不仅能增强青少年的体魄，更能加深青少年对中华文化的了解，有利于青少年对中华文化的传承，树立民族自信心和自豪感。

望借此书，传承躬行，故以此为序。

上海中医药大学特色诊疗技术研究所所长

上海中医药大学附属曙光医院治未病中心主任

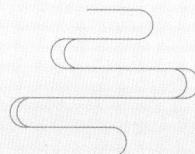 教授、主任医师

2023 年 10 月

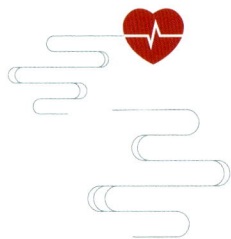

扁鹊

见蔡桓公

02

淳于意

治肾痹病和牙痛

06

华佗

青苔炼膏的故事

10

张仲景

首创人工呼吸

14

皇甫谧

自治顽疾

18

目录 ◆

陶弘景

探究蛲蛉子

22

孙思邈

葱管导尿治癃闭

26

钱 乙

与六味地黄丸的渊源

30

李时珍

撰写《本草纲目》

34

叶天士

治穷

38

孔思邈滙于意

巫仲景陶弘景扁

診皇甫謐

华佗叶天

钱乙

思邈 淳于 陶弘景 仲景 皇甫谧 扁鹊 寸诊

扁鹊
biǎn què

扁鹊（前407—前310年），姬姓，秦氏，名越人，勃海郡郑人，战国时期医学家。扁鹊善于运用四诊：望、闻、问、切，尤其是脉诊和望诊来诊断疾病，精于内、外、妇、儿、五官等科，应用砭刺、针灸、按摩、汤液、热熨等方法治疗疾病，被尊为医祖。

chūn qiū shí qī　　yǒu yī wèi míng yī jiào biǎn què　　tā yī
春秋时期，有一位名医叫扁鹊。他医

shù gāo míng　　xiǎng yù zhū guó　　yǒu yī tiān　　biǎn què bài jiàn cài
术高明，享誉诸国。有一天，扁鹊拜见蔡

huán gōng　　tā chá qí miàn róng hòu tí xǐng　　jūn wáng　　nín pí
桓公。他察其面容后提醒："君王，您皮

fū yǒu bìng　　yīng jí shí zhì liáo　　huán gōng bù yǐ wéi rán
肤有病，应及时治疗。"桓公不以为然，

biǎn què zǒu hòu　　huán gōng bù yuè　　dài fu zǒng ài zài méi bìng
扁鹊走后，桓公不悦："大夫总爱在没病

de rén shēn shang xiǎn néng　　yǐ biàn bǎ bié rén jiàn kāng de shēn tǐ
的人身上显能，以便把别人健康的身体

shuō chéng shì bèi yī zhì hǎo de
说成是被医治好的。"

tiān yǐ hòu　　biǎn què dì èr cì jiàn huán gōng
10天以后，扁鹊第二次见桓公。

tā chá kàn le huán gōng de liǎn sè zhī hòu zhèng zhòng de shuō
他察看了桓公的脸色之后郑重地说：

nín de bìng　　yǐ jīng dào jī ròu lǐ miàn qù le　　rú guǒ
"您的病，已经到肌肉里面去了。如果

bù zhì liáo　　bìng qíng hái huì jiā zhòng　　huán gōng hái shi
不治疗，病情还会加重。"桓公还是

bù xìn　　biǎn què zǒu le yǐ hòu　　tā duì bìng qíng hái huì
不信。扁鹊走了以后，他对"病情还会

jiā zhòng　　de shuō fǎ shēn gǎn bù kuài
加重"的说法深感不快。

又过了10天，扁鹊第三次见桓公。他看了看桓公，焦虑地说道："您的病已经发展到肠胃里面去了。如果不赶紧医治，病情将会恶化。"桓公仍不相信，他对"病情变坏"的说法更加反感。

又隔了10天，扁鹊第四次见桓公。刚一见面，扁鹊扭头就走。这下倒把桓公搞糊涂了，他心想："怎么这次扁鹊不说我有病呢？"遂派人去问扁鹊，扁鹊说："一开始，桓公皮肤患病，用汤药清洗、火热灸敷可愈；稍后，他的病到了肌肉里，用针刺术可治；后来，桓公病至肠胃，服草药汤剂还有疗效。现在，他已病入骨髓，人间医术已无能为力！"

5天后，桓公浑身疼痛难忍，派人急召扁鹊来治病。派去找扁鹊的人回来后说："扁鹊已逃往秦国去了。"桓公这才后悔莫及，他挣扎着，在痛苦中死去。

正视问题，防微杜渐

这个故事告诉我们，对于自身的疾病以及社会上的弊端，都不能讳疾忌医，而应防微杜渐，正视问题，及早采取措施，妥善解决。否则，等到病入膏肓、酿成大祸之后，将会无药可救。

04
05
扁鹊

【 淳于意 】

淳于意（约前215—约前140年），姓淳于，名意，西汉初齐临淄（今属山东）人。淳于意曾任齐太仓令，精医道，辨证审脉，治病多验，人称"仓公"。曾从公孙光学医，并从公乘阳庆学黄帝、扁鹊脉书。后因故获罪当刑，其女缇萦上书文帝，愿以身代，得免。《史记》记载了他的25例医案，称为"诊籍"，是中国现存最早的病史记录。

有一次，淳于意到齐王的兄长黄长卿家做客，发现王后之弟宋健的脸色异常，便说："您最近身体不太好呀，在四五天之前，一定腰胁疼痛，不可俯仰吧？小便也不通利，如不抓紧治疗，势必转成肾痹病。"

宋健回答说："确实如此。四五天前，朋友来我家做客，门口有一大块方石，大家抓举比试力气，我刚抓住石头，却举不起来，便立即放下了。到傍晚的时候，就出现您刚说的那些症状。"淳于意说："这是持重伤了腰肾。"于是开处"柔汤"，给病人内服后即愈。

那时的齐国，有一个中大夫牙痛得无法进食，淳于意给他诊断后，指出是"食而不漱"。于是给他用苦参汤含漱，同时配合针灸治疗，没两天，他的牙痛就治好了。

淳于意医术高超，却从不吹嘘自己。汉文帝在召见他时问："你诊病能知人的生死，那有没有诊断不准的时候呢？"淳于意诚恳地回答："我看病时先切脉，脉象败逆的不可治。我也不是神仙，哪能全部说得那样准确呢！"汉文帝十分赞赏他这种谦虚谨慎和实事求是的精神，一代名医，实至名归。

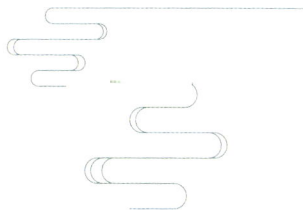

谦虚谨慎，实事求是

谦虚谨慎，实事求是，是治病救人的根本，也是救死扶伤的素养与操守。行医如此，各行各业，也均应以此为准则。

华佗

华佗（约145—208年），名旉，字元化，沛国谯县（今安徽亳州）人，东汉末医学家，与董奉、张仲景并称为"建安三神医"。华佗被后人称为"外科圣手""外科鼻祖"，后人多用"神医华佗"称呼他，又以"华佗再世""元化重生"称誉杰出的医术。

华佗青苔炼膏的故事
huà tuó qīng tái liàn gāo de gù shi

华佗是东汉名医，每天前来求医看病的人很多。有一天，华佗正在配药，只见一个年轻女子捂着右眼呻吟着进来。华佗急忙上前询问，原来是被马蜂蜇了，疼痛难忍，且右眼已经又红又肿，像个桃子。华佗犯了难，他没治过这样的病呀，只好说："对不起啊，我暂时还没法子能马上给你止疼。"

病人失望地走了，华佗心里很不是滋味，越想越不安。正在这时，耳边听到嗡的一声，一只马蜂向墙角飞去，一头撞在蜘蛛网上，守候在一旁的蜘蛛赶紧上前与马蜂搏斗起来。片刻功夫，马蜂刺中了蜘蛛的肚子，蜘蛛倒地挣扎了片刻，爬到水边长满青苔的石头上磨起来，不一会儿，竟然精神抖擞地爬上蜘蛛网，用马蜂饱餐了一顿。

华佗灵机一动：青苔到底能不能治蜂毒呢？非得试试不可！华佗一狠心，跑到自家后花园的马蜂窝处，让马蜂在自己拇指上蜇了一下，可真是钻心般的疼啊！他赶紧取过那块青苔，把大拇指放在青苔石上磨起来，果然，不一会儿就不疼啦！

zhōng yú zhǎo dào zhì mǎ fēng zhē de fāng fǎ le huà
终于找到治马蜂蜇的方法了！华

tuó yòng qīng tái bái sháo děng jǐ wèi zhōng yào shì zhe
佗用青苔、白芍等几味中药，试着

liàn chéng le qīng tái gāo tā jí máng gěi shàng wǔ lái guò
炼成了青苔膏。他急忙给上午来过

de nǚ zǐ sòng qù yī shì guǒ rán xiào guǒ hěn hǎo huà
的女子送去，一试果然效果很好。华

tuó jiù bǎ zhè zhǒng zhì liáo fēng zhē de fāng fǎ jì lù le xià
佗就把这种治疗蜂蜇的方法记录了下

lái tā zhè zhǒng rèn zhēn guān chá yǒng yú shí jiàn zǒng jié
来。他这种认真观察、勇于实践总结

de jīngshén shǐ tā chéng wéi qiān gǔ míng yī
的精神，使他成为千古名医。

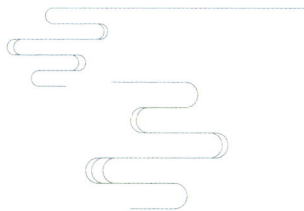

rèn zhēn guān chá yǒng yú shí jiàn zǒng jié
认真观察，勇于实践总结

rèn zhēn guān chá yǒng yú shí jiàn zǒng jié shì yī wèi yī shēng yìng yǒu de qiú zhēn qiú suǒ
认真观察，勇于实践总结，是一位医生应有的求真、求索

jīng shén ér bù bào cán shǒu quē bù duàn tàn suǒ xīn zhī yǔ shí jù jìn shì míng yī chéng gōng
精神。而不抱残守缺，不断探索新知、与时俱进，是名医成功

de jī shí
的基石。

张仲景

zhāng zhòng jǐng

张仲景（约150—219年），名机，字仲景，河南南阳人，东汉末年医学家，汉灵帝时曾任长沙郡太守。写出了医学名著《伤寒杂病论》，是部中国医学史上首次提出辨证论治法的医学专著，形成了独特的中医学理论体系。它不仅为国内历代医学家所尊崇，而且为日本、朝鲜、欧美诸国医学家效法，被誉为"众法之宗、群方之祖、医门之圣"。

张仲景首创人工呼吸

张仲景在任湖南长沙太守之时，为了继续治病救人，便规定每月初一、十五，不问政事，独问疾病。

张仲景张贴告示，告知老百姓这个消息以后，很快引起百姓们的热议。纷纷称他为"坐堂医"。

一日，张仲景外出，见一群人哄闹。打听后得知，有一穷人因生活不如意，便上吊自尽，被发现时已无法动弹，失去呼吸，众人纷纷惋惜痛哭。

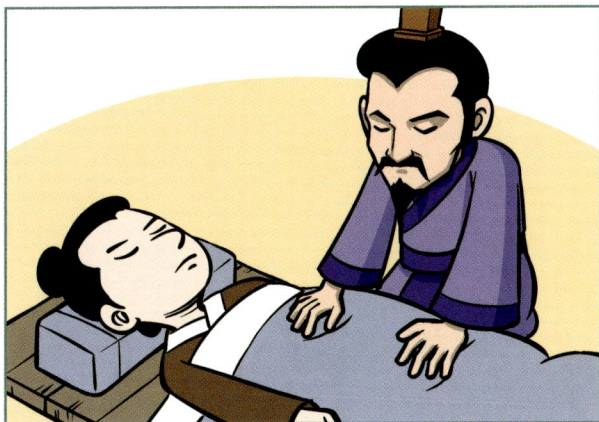

张仲景赶忙上前，得知此人上吊时间尚短，便将他安置于床板上，又吩咐两人，一人按摩其胸口，一人拿起其双臂一起一落地运动。张仲景自己则用手掌抵住病人胸部和腹部，手掌随着手臂一起一落，一松一压。半个时辰左右，病人居然慢慢有了呼吸并清醒了过来。

这就是现代急救中广泛使用的心肺复苏的最早实例。

心肺复苏

心肺复苏（cardiopulmonary resuscitation，CPR），用于自主呼吸停止时的一种急救方法。通过徒手或机械装置使空气有节律地进入肺内，然后利用胸廓和肺组织的弹性回缩力使进入肺内的气体呼出。如此周而复始以代替自主呼吸。适用于窒息、煤气中毒、药物中毒、呼吸肌麻痹、溺水及触电等病人的急救。

皇甫谧
huáng fǔ mì

皇甫谧（215—282年），字士安，幼名静，自号玄晏先生，安定朝那（今属甘肃灵台）人，西晋学者、医学家。历史上第一位由病人成为医学家的人，是晋代闻名的医学家，著有《针灸甲乙经》。

皇甫谧自治顽疾

huáng fǔ mì zì zhì wán jí

皇甫谧出身显赫世家，但少时便父母双亡，被寄养在叔母家。在叔母的教导下，他勤奋好学，正当学有所成之时，却患上了风痹疾患，半边身子常常针扎般难受。他便自学《黄帝内经》《明堂孔穴针灸治要》等医书，并在自己身体上尝试进行针灸治疗。

皇甫谧也鼓励教导儿子皇甫方学习针灸，并让儿子在他身上练手。而他根据自己生病多年自我治疗和儿子为他治疗的切身感受，结合看过的多部医书，决定将针灸方面的理论删除错漏、去繁就简，编辑整理成一册书籍，以供后人学习。

即便时局混乱，皇甫谧仍然克服重重困难，取得当时的皇帝晋武帝的支持。在儿子和弟子的帮助下，他抓紧时间着手整理医学书籍的浩大工程。由于疾病时常发作，难以执笔，很多时候都由皇甫谧口述，其弟子代为书写记录。

经过数年努力，42岁的皇甫谧在256年完成了《针灸甲乙经》的编撰。此书为我国现存最早的针灸学专著，对我国针灸学的发展起到了承前启后的作用。后此书传至日本、朝鲜，对国际医学的交流也产生了深远的影响。

身残志坚，心怀大爱

身残志坚，心怀大爱。以身求道，惠泽百姓。病痛固然是人生的不幸，但可把战胜顽疾而积累的智慧转化成社会财富，使不幸的人生熠熠生辉！

陶弘景

陶弘景（456—536年），字通明，晚号华阳隐居，是南朝齐梁时著名的道教思想家、医学家、文学家。

陶弘景本为南朝齐左卫殿中将军，入梁以后，他便隐居在茅山炼丹修道。梁武帝早年曾与陶弘景颇有交情，登上皇位后，对他更是恩礼有加，常常派使者给他送信。只要碰到征讨之类的大事，梁武帝都要向陶弘景咨询请教，常常是一个月中传信数封。因此，当时人称陶弘景为"山中宰相"。著有《神农本草经集注》，补充了《神农本草经》未曾记载的新药365种。

陶弘景从小就不墨守成规，敢于推陈出新。《诗经》认为："螺蠃不产子，喂养螟蛉为子。"因此用"螟蛉"比喻义子。陶弘景不相信螺蠃无子，恰巧有个朋友谈起这个问题，他决定亲自查实，以辨真伪。

陶弘景查阅书籍后发现，观点全部和《诗经》一样：无子！陶弘景认为这些说法都是人云亦云，于是他决定亲自实地观察，以辨真假。

通过仔细观察，陶弘景发现：蜾蠃其实有自己的后代，蜾蠃用嘴巴上的针把螟蛉刺个半死，衔回自己窝里，给自己产卵孵出的幼虫当作食物。

等他朋友来拜访时，陶弘景把螟蛉变螺蠃的真相告诉他，从而解开了千年之谜。正是陶弘景这种严谨的科学态度，促使其完成巨著《神农本草经集注》。

善于观察，严谨治学

真理不是人云亦云，智慧来自善于观察。依靠严谨治学，"解谜"从不盲目迷信开始，"破题"更是从真实的世界寻求宽广的路径。

孙思邈
sūn sī miǎo

孙思邈（541—682年），京兆华原（今陕西铜川市耀州区）人，唐代医药学家、道士，被后人尊称为"药王"。他广泛搜集单方、验方和药物的使用知识，在药物学研究方面，为后人留下了《千金要方》和《千金翼方》两本巨著。孙思邈是我国著名的大医学家，早在他的《千金要方》一书中就有关于"葱管导尿"的记载，孙思邈用葱管当导尿管，比现代医学导尿术的出现要早上千年，可谓是世界上第一个发明导尿术的人。

孙思邈葱管导尿治癃闭
sūn sī miǎo cōng guǎn dǎo niào zhì lóng bì

有位男病人，因尿不出来，肚子胀得快要破了，
yǒu wèi nán bìng rén，yīn niào bù chū lái，dù zi zhàng de kuài yào pò le，

心急火燎地找到孙思邈看病。他看病人的腹部高高隆
xīn jí huǒ liǎo de zhǎo dào sūn sī miǎo kàn bìng。tā kàn bìng rén de fù bù gāo gāo lóng

起像孕妇一般，紧皱眉头道："膀胱里有很多尿，大
qǐ xiàng yùn fù yī bān，jǐn zhòu méi tóu dào："páng guāng lǐ yǒu hěn duō niào，dà

概是排尿口堵了，必须想个立竿见影的办法。"
gài shì pái niào kǒu dǔ le，bì xū xiǎng gè lì gān jiàn yǐng de bàn fǎ。"

他突然灵机一动：从尿道插进一根管子，尿液就能出来了。可是从哪里找这种管子呢？正巧他看到一个小男孩拿着一根葱管吹着玩，他顿时眼前一亮：葱管细软而中空，可以用来试试。

于是，他找来一根葱管，切下尖头，插入病人的尿道口。然后鼓足两腮，用力一吸，病人的尿液真的从葱管里缓缓流出来了。

bìng rén lóng qǐ de fù bù hěn kuài biàn píng tǎn le sūn sī miǎo
病人隆起的腹部很快变平坦了，孙思邈
jiāng cōng guǎn bá chū bìng rén lián lián dào xiè sūn sī miǎo shì fā
将葱管拔出，病人连连道谢。孙思邈是发
míng dǎo niào shù de dì yī rén xiàn dài dǎo niào shù shì yòng dǎo niào
明导尿术的第一人。现代导尿术是用导尿
guǎn jīng niào dào chā rù páng guāng yǐn liú niào yè yǔ sūn sī miǎo
管经尿道插入膀胱，引流尿液，与孙思邈
de fāng fǎ yǒu yì qǔ tóng gōng zhī chù
的方法有异曲同工之处。

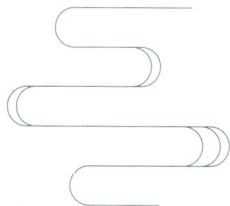

shàn yú guān chá suí jī yìng biàn
善于观察，随机应变

shàn yú guān chá jí shí fā xiàn wàn wù de gōng xiào suí jī yìng biàn dà dǎn cháng shì xīn yǐng
善于观察，及时发现万物的功效，随机应变，大胆尝试新颖
de fāng fǎ shén yī qí shí jiù shén zài yī gè shì zì shang jù bèi mǐn ruì de
的方法，"神医"其实就"神"在一个"试"字上。具备敏锐的
fā xiàn lì chōng mǎn jiān dìng de jìn qǔ xīn shén jì jìn zài zhǎng wò zhōng
发现力，充满坚定的进取心，"神迹"尽在掌握中。

钱乙

钱乙，约生于北宋仁宗至徽宗年间（约1035—1117年），字仲阳，今山东东平人，是中国医学史上第一个著名儿科专家。钱乙撰写的《小儿药证直诀》，是中国现存第一部儿科专著，第一次系统地总结了对小儿的辨证施治法，使儿科自此发展成为独立的一门学科。后人视《小儿药证直诀》为儿科的经典著作，把钱乙尊称为"儿科之圣""幼科之鼻祖"。

钱乙与六味地黄丸的渊源

一日，有位王先生前来求诊，说孩子病重，睡觉时眼睛闭不上，手足抽筋，身体发凉。钱乙诊后认为此病为慢惊风，是身体虚弱引起的，遂开具栝楼汤。孩子服药后眼睛睁开，身体变温，但是没有大小便。王先生便又请了其他大夫诊治，开了八正散，但孩子服过药后，症状却加重了。

钱乙知道后说："你心太急，津液都没了，怎会有大小便？幸好孩子正气足才没伤到，现在应补脾胃。"于是开了益黄散。孩子上午服后中午便能饮食了，但还是说不出话。钱乙又道："前医方给孩子泄大便利小便致其脾肾两虚，益黄散已补脾气，但肾仍虚，再予补肾就能说话了。"于是钱乙又开一方，孩子服用半月余便开始说话，一月痊愈。这就是流芳千古的六味地黄丸的由来。

但有一日，有位大夫却拿了钱乙开的方子来"讨教"。他略带嘲讽地问："钱太医，按张仲景《金匮要略》八味丸，有地黄、山药、山茱萸、茯苓、泽泻、丹皮、附子、肉桂。你这方子少开了两味药，大概是忘了吧？"

钱乙笑了笑说："没有忘。张仲景此方适用于大人，但肉桂、附子两味药益火，小孩子阳气足，我认为可以去掉，制成六味地黄丸，以防过热致孩子流鼻血，你看对吗？"这位大夫听后连声道："钱太医用药灵活、酌情变通，佩服！"弟子遂记下编入《小儿药证直诀》一书。

就这样，钱乙所创制的"六味地黄丸"流传了下来。即使在中成药种类繁多的今天，六味地黄丸仍广泛应用。曾经的小儿用药，现已成为滋阴补肾、养生保健的常用药。

不拘泥固执，遇事灵活变通

不拘泥固执，注重实际运用，遇事灵活变通，不墨守成规。不仅是一位良医，而且据此成就了一个千古良药，对任何事业来说，也是创造精品、打造经典的成功之道。

【 lǐ shí zhēn 李时珍 】

lǐ shí zhēn （1518—1593年）, 字东
李时珍（1518—1593年）, 字东
bì wǎn nián zì hào bīn hú shān rén hú běi qí chūn xiàn
璧, 晚年自号濒湖山人, 湖北蕲春县
qí zhōu zhèn dōng cháng jiē zhī wǎ xiè bà jīn bó shì
蕲州镇东长街之瓦屑坝（今博士
jiē rén míng dài zhù míng yī yào xué jiā hòu wéi chǔ
街）人, 明代著名医药学家。后为楚
wáng fǔ fèng cí zhèng huáng jiā tài yī yuàn pàn qù
王府奉祠正、皇家太医院判, 去
shì hòu míng cháo tíng chì fēng wéi wén lín láng zhù
世后明朝廷敕封为"文林郎"。著
yǒu běn cǎo gāng mù qí jīng bā mài kǎo bīn
有《本草纲目》《奇经八脉考》《濒
hú mài xué děng duō zhǒng yī shū bèi hòu shì zūn wéi
湖脉学》等多种医书。被后世尊为
yàoshèng
"药圣"。

李时珍撰写《本草纲目》

楚王的儿子得了一种抽风的病。楚王府医官无人能治。此为楚王独子，他心急如焚，四处寻医。听闻李时珍能治此病，遂请李时珍诊病。李时珍诊后即知孩子此病为肠胃病，开具调脾胃药方，服后病即愈。楚王十分高兴，挽留李时珍在楚王府。

未过几日，朝廷征求人才，楚王推荐李时珍去太医院。当朝皇帝明世宗对真正的医学并不重视，却迷信一批骗人的炼金丹的道士，在宫里作法术，想求长生不老。李时珍是个正直的医生，看不惯那种乌烟瘴气的环境，他在太医院呆了一年，就辞职回家了。

李时珍辞去官职，回家路上，顺便游览了许多名山胜地。但他并非为了欣赏美景，而是为了采药研究药性。一次，他途经武当山，听闻那里产仙果榔梅，食后可使人返老还童，人们争相抢购。为了弄清真相，他几经周折弄到一株榔梅，经研究后发现，此物功效同普通梅果，除生津止渴外，并无长寿之效。

李时珍从长期的诊疗工作及采药过程中得到了不少科学资料，他发现古代医书有诸多错误，且发现许多新的草药未曾记录，便决心编著一本新的完备的药书。他夜以继日，经过30年时间，著成药物学专著《本草纲目》。

《本草纲目》记载了1892种草药，收集了1万多种药方，为人类医药事业作出了巨大贡献。此书出版后传到全世界，已经被译成多种文字，在世界医药界中占有重要的地位。

勤于钻研，博采众长，追求真理

勤于钻研，博采众长，追求真理，不辞艰辛。名医的"妙手"，必须触及广袤大地，感知、探索、实践于"千山万水"，才是"回春"的前提。

叶天士
yè tiān shì

叶天士，约生于清代康熙五年（1666年），卒于乾隆十年（1745年）。名桂，号香岩，别号南阳先生，晚年又号上律老人，江苏吴县（今苏州市）人。清代名医，擅治外感热症，是中医温病学派的创始人，四大温病学家之一，与薛雪等齐名。

叶天士治穷
yè tiān shì zhì qióng

一位衣衫褴褛的穷小伙跑
来向医学圣手叶天士请教：
"先生，听说您是活神仙，
不知道我的疾病您能看好吗？
我一无内患，二无外伤，只是
太过贫穷，您能治吗？"

叶天士笑着答道："这有何难！我给你一枚橄榄，你只可吃肉，把核种下，到明年你自然就不贫穷了。"小伙照做，第二年，小树长高，却只有叶子，不开花不结果，小伙纳闷，又跑来询问叶天士。

叶天士说："不急不急，山人自有妙计。"第三天，神奇的事情发生了，买橄榄叶的人越来越多，一树的橄榄叶皆售卖一空，小伙做起了小本买卖，从此不再贫穷。

小伙十分感激叶天士，也很好奇为何那么多人来买橄榄叶。叶天士笑了笑，告诉了他其中奥秘。原来叶天士早料到此季节会有某种传染病流行，而这橄榄叶便是治疗预防此病的秘方，满城药铺都紧缺，所以病人都在叶天士的指导下去小伙那里买树叶了。

授人以鱼不如授人以渔

说的是传授给人既有的知识，不如传授给人学习知识的方法。道理其实很简单，得到鱼是做事的目的，捕鱼是做事的手段。一条鱼能解一时之饥，却不能解长久之饥。如果想永远有鱼吃，那就要真正学会捕鱼的方法。

图书在版编目(CIP)数据

中华名医故事绘/沈志萍主编.—上海：复旦大学出版社，2023.10
ISBN 978-7-309-17032-0

Ⅰ.①中…　Ⅱ.①沈…　Ⅲ.①中医学-医学家-生平事迹-中国-儿童读物　Ⅳ.①K826.2-49

中国国家版本馆 CIP 数据核字(2023)第 199058 号

中华名医故事绘
沈志萍　主编
责任编辑/贺　琦

复旦大学出版社有限公司出版发行
上海市国权路 579 号　邮编：200433
网址：fupnet@ fudanpress.com　http://www.fudanpress.com
门市零售：86-21-65102580　团体订购：86-21-65104505
出版部电话：86-21-65642845
上海丽佳制版印刷有限公司

开本 787 毫米×1092 毫米　1/20　印张 2.5　字数 38 千字
2023 年 10 月第 1 版
2023 年 10 月第 1 版第 1 次印刷

ISBN 978-7-309-17032-0/K · 818
定价：35.00 元